पापा

मेरे मित्र, मेरे कृष्ण

विकास चौधरी "विशु"

श्रमण भगवन् महावीर स्वामी,

समता विभूति आचार्य भगवन श्री नानेश,

प्रशांत मना आचार्य भगवन श्री रामेश,

बहुश्रुत वाचनाचार्य उपाध्याय प्रवर श्री राजेश मुनि जी म.सा.

ज्ञान-दर्शन-चारित्र एवं तप के आराधक सर्व साधु साध्वी जी म.सा.

के चरणों में कोटिश: वंदन.......

पापा (श्री नरेंद्र कुमारजी चौधरी) का संक्षिप्त परिचय

पापा (श्री नरेंद्र कुमारजी चौधरी) का जन्म श्री मति सागरबाईजी चौधरी धर्मपत्नी सुश्रावक श्री मान माणकलाल जी चौधरी की कुक्षी से सन १९५५ में मंदसौर, मध्य प्रदेश में हुआ। आप तीन बड़े भाई (श्री मान शिवसिंहजी, शांतिलालजी एवं विजयसिंहजी), एक बड़ी बहन (श्री मति फूलकुँवर जी) एवं एक अनुज (श्री मान सुरेंद्र कुमारजी) के साथ सयुंक्त परिवार में पले-बड़े हुए। जन्म से ही परिवार की जैन धर्म के प्रति आस्था एवं हुक्मगच्छ के सातवें आचार्य श्री गणेश के प्रति गुरुनिष्ठा विरासत में मिली। आपका विवाह श्री मान बालचंदजी कोठरी एवं श्री मति जतनबाईजी कोठरी की लाड़ली ललिताजी से सन १९७९ में हुआ। आपने बाल्यवय से प्राप्त गुरुनिष्ठा एवं समर्पणा को आगे बढ़ाया एवं आचार्य श्री नानेश एवं वर्तमान आचार्य प्रवर श्री रामेश के प्रति पूर्ण श्रद्धा से धर्म आरधना की एवं अपने अंत समय तक अटूट श्रद्धा एवं प्ररूपणा रखी। आपने पुत्री (वर्षा) एवं पुत्र (विकास) को भी जन्म से ही जैन संस्कार के माध्यम से जीवन में आगे बढ़ाया। आपने अपने जीवन काल में ३ मासक्षमण के साथ उपवास से लेकर १५ उपवास तक कई वर्ष तक तप आराधना की एवं अंतिम दिवस में भी आपको तीन पद (आचार्य, उपाध्याय एवं साधु-साध्वी) की वंदना एवं सेवा का अनुपम अवसर मिला। आपका आकस्मिक देवलोकगमन (अक्टूबर २०२४) परिवार एवं समाज में एक रिक्तता छोड़ गया। आपको बचपन से ही काव्यपाठ और गुरु भक्ति गीतों में रूचि रही। श्री साधुमार्गी जैन संघ मंदसौर के महामंत्री एवं जैन सोशल ग्रुप मेन, मंदसौर में सचिव, उपाध्यक्ष आदि पदों पर रहते हुए

आपने समाज को आगे बढ़ाने में अहम् भूमिका निभाई। आपने ही सुपौत्र (हितार्थ) को बचपन से ही धर्म से जोड़कर सामायिक एवं प्रतिक्रमण सीखने के लिए प्रेरित कर पूर्ण करवाया। आपकी परिवार के प्रति कर्तव्यनिष्ठा, शासन के प्रति श्रद्धा एवं समाज के प्रति समर्पण अनुकरणीय एवं अनुमोदनीय है। आपका दिव्य आशीष हम पर सदैव बना रहे।

माता - श्रीमति ललिता चौधरी,

बहन - श्रीमति वर्षा,

पत्नी - श्रीमति सोनल,

पुत्र - हितार्थ चौधरी,

समस्त परिवार जन

एवं

मित्र मंडल

का आभार

प्रस्तावना

विकास चौधरी का जन्म नवंबर १९८३ में मंदसौर मध्यप्रदेश के जैन परिवार में हुआ। बचपन से ही जैन संस्कार मिले और दादा-दादी (माणकलालजी एवं सागरबाईजी चौधरी) , पापा-मम्मी (नरेंद्र कुमारजी एवं ललिता जी चौधरी) का स्नेहिल आशीर्वाद मिला। परिवार के वरिष्ठ जन एवं छोटों से भी मार्गदर्शन एवं स्नेह समय समय पर प्राप्त हुआ। अपनी पढाई दशपुर विद्यालय मंदसौर एवं स्नातक मंदसौर इंस्टिट्यूट ऑफ़ टेक्नोलॉजी मंदसौर से पूर्ण की। बचपन से कविता लिखना, पाठ करना, भाषण, वाद-विवाद राज्य स्तरीय प्रतिस्पर्धाओं में हिस्सा लिया। पढाई पूर्ण कर देश की नंबर वन आईटी कंपनी टाटा कंसल्टेंसी सर्विसेज से अपने कैरियर का प्रारम्भ किया जो आज तक गतिमान है। भले ही अंग्रेजी नौकरी में माध्यम हो, परन्तु हिंदी से लगाव सदा रहा और लिखते रहे। हमेशा से सोचा की एक दिन पिता पर कोई किताब लिखूंगा और तैयारी करते रहे, परन्तु पिताजी के देवलोकगमन (अक्टूबर २०२४) के बाद सोचा अब इसे शीघ्र मूर्त रूप देना चाहिए। एक छोटी सी स्वरचित कविताओं की ये पोटली एक पिता की मेहनत, लाड़, स्नेह, आशीर्वाद, मित्रता और दूरदृष्टि को प्रकट करती है। आशा है जो भी इसे पढ़ेगा वह अपने आप को इससे जोड़ पाएगा। इसी आशा के साथ....

पापा पर कविताएँ बहुत कम लिखी गयी हैं,
पर जो लिखी गयी हैं, अच्छी लिखी गयी हैं,
उस माला में एक मणि और जोड़ रहा हूँ,
कविता की ये पुस्तक, पापा के नाम कर रहा हूँ....

यह कविता संग्रह जैसे-जैसे अहसास आते रहे, लिखता रहा इसलिए ऐसा लग सकता है की यह लयबद्ध नहीं है, मेरा इस कविता संग्रह को सम्पादित करवाने का उद्देश्य ही जैसे अहसास आएं वैसे ही उतारना है ।

1

जिनकी आवाज से घर में रौनक आ जाये,
जिनके हाथो की मिठाई से मुँह में पानी आ जाये,
जिनसे सीखने बैठो तो घंटे निकल जाये
ऐसा है स्कूल पापा का हर शिक्षा जहाँ हम पाये
बातें करने बैठो तो रात कम पड़ जाये
सूरज की पहली किरण सी आशा वो जगायें
चन्द्रमा सा निर्मल शांत वो झरना,
ऐसा कहाँ कुछ जो नहीं कर सकते वो पूरा.
जो तुम्हारी खातिर अम्बर से भी लड़ जाये,
नहीं मिलेगा प्रेम ऐसा जो बिन कहे समझ जाये ,
बस यहीं कहूंगा तुम से आगे बढ़ते रहना
पापा की ख्वाहिशो को पूरा करते रहना...

2

आओ आज जाने पापा की कहानी,

कुछ सुनी अनसुनी उनके बेटे की जुबानी,

जीवन में नहीं सुनी समझी ऐसी कहानी,

हर पल जी भर जियो यही पापा की कहानी,

धन दौलत नहीं, ये है दिल की कहानी,

आप जाने पापा की कहानी, बेटे की जुबानी।

पापा के प्यार से बेटी भी दीवानी,

मैं तो बेटा हूँ, मेरी हर बात मानी,

खुश रहो आगे बढ़ो यही उनकी जुबानी,

जो भी आज हूँ मैं, ये उनकी मेहरबानी।

श्वेत वस्त्रो में देखो उनकी राजानी,

मेरी माँ को रखा बना महारानी,

नाते और पोतों की है जबानी,

नानू-दादू हैं हमारे दिलजानी।

जीवन जीता जिसने, भरपूर थी जवानी,

सत्तर में गए, जी भर जी जिंदगानी,

मस्त रहो मस्ती में, ऐसी जियो जिंदगानी,

नहीं लेना तनाव, यही थी उनकी जुबानी।

3

जब कभी जीवन में टूटते नजर आओगे,
पापा को याद कर लेना हिम्मत पाओगे,
उनके अनुभव से तुम आगे बढ़ जाओगे,
अपने आपको जीवन में उन्नत कर पाओगे।
पापा की सलाह मुफ्त नहीं है,
बस बात ये है की उसका कोई मौल नहीं है,
उनकी शिक्षा और सलाह का मौल शायद लगाओगे,
अपने जीवन की कमाई से कहीं ज्यादा पाओगे।।

4

मेरी हर ख्वाहिशों को पूरा किया,
मेरे पापा ने मुझे इतना प्यार दिया,
जो भी मैं लिख-बोल पाता हूँ,
क्या बताऊँ वो उन्ही से सीख पाता हूँ,
मंच पर जब "विशु" की आवाज गूंज करती है,
उसमें कहीं पीछे पापा की हिम्मत जुटा करती है,
जब भी मेरा नाम समाचार पत्र में पाते हैं,
वे अंदर ही अंदर फुले नहीं समाते हैं,
जब भी कहीं मैं मंच पर सम्मान पाता हूँ,
मेरे पापा के लिए मैं उनसे ऊँचा नजर आता हूँ,
उनकी ख़ुशी और गर्व का फ़साना यही होता है,
बेटा तुम उन्नति करो यहीं गाना होता है।

5

बाल्य वय में ऊँगली पकड़कर चलते हैं,
ऐसे अपने पापा को नमन वंदन करते हैं,
जो तुम्हारी माँगो को अपना कर्त्तव्य समझते हैं,
ऐसा कुछ नहीं जीवन में जो नहीं पूर्ण वो करते हैं,
याद करो जब बाल्य और यौवन को,
हर कदम पर पाओगे, पापा के कर्तव्यों को,
नहीं कभी थका, नहीं कभी हारा पाओगे,
तुम्हारी इच्छाओं को पूर्ण करने में जीता उन्हें पाओगे,
जब कभी संघर्षों का अम्बार पाओगे,
पापा का कन्धा अपने समीप तुम सदैव पाओगे।

6

अपने जीवन की ऊँचाइयों में आपको खोजता हूँ,
अम्बर में उड़ान हो या सड़क का हो सफर,
या फिर चाहे हो रेल या जहांज का सफर,
आपकी झलक में संसार बसता है,
आपकी शिक्षा में विद्यालय,
आपके संस्कार ही आगे बढ़ाते हैं,
जीवन के हर मोड़ पर रास्ता दिखाते हैं,
मंदसौर से मेनहट्न का सफर तय कराते हैं,
आपके आशीष ही मुझे आगे बढ़ाते हैं।
मेरे हर सपनों पर नाम आपका है,
चेहरा मेरा पर काम आपका है,
नभ में जब भी सितारों को देखता हूँ,
आप देख रहे होंगे यही सोचता हूँ।
आपका जीवन आदर्श मानता रहा,
कुछ जीवन के सिद्धांत जानता रहा,
परिवार हो या समाज, सब की शान हो,
दुनिया की इस भीड़ में, पापाजी आप महान हो।

7

क्या कहूं, अहसास बहुत है पर शब्द नहीं,
मेरे पापा से बड़ा मेरा कद नहीं,
मेरी हर सांस पर नाम है उनका,
पिता है वो दोस्त मेरे काम है उनका,
हर मुसीबत में साथ है उनका,
घर की रौनक माँ का श्रृंगार भी उनका,
जीवन के हर पथ पर साया है उनका,
बन पाऊँ बस थोड़ा सा मैं उनसा।

8

पापा होते तो ये हो जाता,
पापा होते तो वो हो जाता,
पापा होते तो सोचना ही नहीं पड़ता,
पापा होते तो सब काम अपने आप हो जाता।
अमीरियत हो तो पिता के जैसी,
कोई ख्वाहिश बता दो, हो जाएगी वैसी।
एक वृक्ष, एक संबल, एक आधार है पिता,
जहाँ धूप, वहां छाँव, एक छत्र है पिता,
पिता जैसा दुनिया में कोई बना ही कहाँ,
दुनिया का जीता जागता भगवान् है पिता।।

9

वो थे, है और रहेंगे,
जब तक हम ज़िंदा है,
हम उनके बच्चे ही रहेंगे,
हम उनकी परछाई है,
उनके संस्कारों की स्याही है,
उनके बिना हमारा नाम अधूरा है,
उनके नाम से ही जीवन का हर काम पूरा है ||
उनका दिव्य आशीष सदा साथ रहेगा,
उनके संस्कारों से जीवन आगे बढ़ता रहेगा
उदास नहीं प्रसन्न रहना है,
उनके जैसा जीवन जीना है,
तभी तो उनको हम पर नाज होगा,
और सितारों में उनके हमारा भी नाम होगा...

10

मेरे ससुराल को पीहर जिनने बनाया,

पापाजी ने बहु नहीं, बेटी मुझे बनाया,

कुछ सीखा, कुछ सिखाया, मुझे आगे खूब बढ़ाया,

जैसा चाहती थी मैं, उससे बढ़कर पाया

पापाजी ने बहु नहीं, बेटी मुझे बनाया....

गलतियों पर भी प्यार से मुझे समझाया,

हर पल, हर क्षण, साथ मेरा निभाया,

पापाजी ने बहु नहीं.....

मिठाई सी मिठास जैसा रिश्ता मेरा बनाया,

हर बात कर लेती थी साझा ऐसा मुझे बनाया,

पापाजी ने बहु नहीं ....

बच्चों के साथ बच्चे, बड़ों के साथ बड़े,

ऐसे हैं सुनलो सब, पापाजी मेरे ...

पहले दिन से ही जिसने बेटी मुझे बनाया,

ऐसे हैं पापाजी जिनने रिश्ता बखूभी निभाया...

सीखा है, सीखना है, उनके जीवन से,

नहीं वो सामने फिर भी रखना है जीवन उनसे,

मेरे ससुराल को पीहर जिनने बनाया,

पापाजी ने बहु नहीं, बेटी मुझे बनाया....

11

जिनकी छाँव में, मैं बड़ा हुआ,
जिनकी मेहनत से, मैं युवा हुआ,
किसी से भी ना डरे, ऐसे हैं पापा,
कर दे हर जिद को पूरी, ऐसे होते हैं पापा....
चाहे बाइक हो या हो कंप्यूटर,
या फिर हो व्हाइट पेपर प्रेजेंटेशन,
खर्चों के अम्बार से, नहीं लगता जिन्हें डर,
पापा हैं जब तक प्यारों, जी लो जिंदगी भर...

12

कभी भावों में, कभी अहसासों में,
कभी यादों में, कभी धड़कनों में,
जिन्दा थे, हैं और रहेंगे,
हम आपके बच्चे हैं, बच्चे ही रहेंगे....

13

पापा पर कविताएँ बहुत कम लिखी गयी हैं,
पर जो लिखी गयी हैं, अच्छी लिखी गयी हैं,
उस माला में एक मणि और जोड़ रहा हूँ,
कविता की ये पुस्तक, पापा के नाम कर रहा हूँ....

14

नर नहीं, नारायण नहीं, शक्ति हो मेरी,
आप से ही मैं हूँ, पहचान हो मेरी,
सीखता हूँ आपसे, किताब हो मेरी,
क्या कहूं मैं आपको, जान हो मेरी,
पिता हो पर दोस्त हो, यह दोस्ती मेरी,
जन्मदिन हो अच्छा, ये शुभकामना मेरी...

15

आपकी बातें आज भी नहीं थमीं,
बस आपकी है कुछ ऐसी कमी,
कभी हृदय में ख्याल और आँखों में नमी,
बस आपकी ही बातें और आपकी ही कमी....
My Pole-Star forever...

16

मेरी दौलत, मेरी शौरहत, मेरी पहचान है पापा,
मेरे प्राण और अस्तित्व के दाता हैं पापा,
उनके कद से मैं यूँ कैसे ऊँचा हो जाऊं,
मैं सेवक क्या कर पाता, बिन मेरे पापा...
उनका नाम बढ़ाने में, नाम शायद हो जाए,
नहीं चाहता में ये कभी की कद मेरा बढ़ जाए...

17

जन्मदिन तो पापा बनाया करते थे,
कभी नोटों की तो, कभी फूलों की माला पहनाया करते
थे,
आपके लाड़ और दुलार के क्या थे कहने,
पुरे घर को मेरे जन्मदिन पर प्रकाश से जगमगा दिया
करते थे....

18

अलग ही अंदाज है, जिन्दा आवाज है,
वो नहीं तन से हमारे पास,
मन में आज भी वो और उनकी आवाज है....

19

याद आपकी आई और आसूँ छलक गये,
पलकों के पास आकर के बेबस ही रुक गए,
हमने जब उनसे कहा, तुम क्यों रुक गए,
उन्होंने भी कह दिया, किसी की याद में रुक गए,
आँखों में है कोई, तुम्हारे इतने करीब से,
हम जो बहे तो रोयेंगे वो भी दिल से,
उनकी दुआ मेरी जिंदगी के हर पल में है,
मैं खुश हूँ, खुशनसीब हूँ, जो उनके दिल में हूँ,
है कामना बस मेरी, आशीष रहे उनका,
मेरी जिंदगी के हर पल पर अधिकार है उनका....

20

मेरी सोच, मेरी शक्ति, मेरी भक्ति थे पापा,
मेरे मित्र, मेरे कृष्ण, मेरे पिता थे पापा,
आगे बढ़ना और बढ़ाना, जैसे काम था उनका,
राजा की तरह जीना, "नरेंद्र" नाम था उनका,
अब तो जीवन पथ पर, उनके विचार ही प्रकाश है,
बढ़ना है आगे और छूना अब आकाश है,
उनके संस्कार, उनकी शिक्षा और हर बात की समीक्षा,
रख कर उनको हृदय समीप, आगे बढ़ना उनकी शिक्षा,
आशीष रहे आपका, आपका ध्यान मैं लगाऊँ ,
ओ पापा अब रहा दिखा दो, कदम कैसे बढ़ाऊँ......

21

मेरी पतंग के तने बांध दिया करते हैं,
पापा मेरी चकरी भी संभाल लिया करते हैं,
जब पतंग चढ़ती है मेरी हवा में,
ढील दे ढील दे कहा करते हैं,
जब पतंग आकाश को छूने लगती है,
तब मुझे पेंच लेने को बोला करते हैं,
पतंग फिर कांटे या कटवाएं,
काट है काट है, पापा कहा करते हैं|

22

ज़िन्दगी के ये मोड़ बड़े अजीब से लगते है,
इस मोड़ पर कई अपने तो कई बेगाने लगते है,
अपनों के साथ जीने को ज़िन्दगी कहते है,
मगर कई बेगाने भी दिल को छूते है,
ज़िन्दगी के मोड़ मुड़ता है ये सफर,
अतीत, वर्तमान और भविष्य में रहता है ये सफर,
ज़िन्दगी का सफर हमसफ़र बनता है,
आँखों में हमारे नये सपने देता है,
ज़िन्दगी के इस मोड़ पर अभी सफर बहुत बाकी है,
कई बेगानों से अभी हमारी मुलाकात बाकी है,
आगे बढ़ रहें है इस मोड़ पर, इसी तमन्ना के साथ,
ज़िन्दगी में अभी दिन-रात बाकी है ।

23

वो वायु भी देती है, वह पानी भी देती है,

कभी सुकून कभी ख़ुशी ,तो कभी आँसू भी देती है,

कभी झरोखों से आकर, वह आवाज़ भी देती है,

कभी हरी-भरी धरती, तो कभी खुला आसमान देती है,

कभी ज्वाला कभी तूफ़ान, तो कभी मस्ती भी देती है,

हमेशा पास पास रह कर भी, उसे हम सब भूलते है,

पर सोचें उसके बिना, हमारे सपने अधूरे है,

आखिर कौन है वो, जो इतने अनुभव देती है,

चलो करते है 'प्रकृति' को नमन,

जो सब सहकर भी हमें ज़िन्दगी देती है ।

24

मैं कभी ना रुकूँ ,कभी ना थमूं,
बस हमेशा मैं, यूहीं बढ़ता चलूँ,
समय के साथ साथ,
उसे अपना बनाता चलूँ,
चलती रहे वो चलती रहे,
मेरे साथ हमेशा वो बढ़ती रहे,
सच्चाई के साथ वो चलती रहे,
मेरी कलम हर वक्त मेरे साथ रहे,
ये अहसासों को उतारने की, तमन्ना है मेरी,
मेरी कलम मेरे साथ हमेशा, चलती रहे ।

25

ज़िन्दगी किसका नाम है,
क्यों ये अनजाना नाम है,
अब तक न मैंने जाना,
क्यों ये हमसे अनजान है,
जब जानना चाहा इसका नाम,
हम हो गए दुनिया से अनजान,
तब इतना ज़रूर है मैंने जाना,
डूबा है जिसमें जमाना,
पर जब देखो फ़िर भी ये अनजान है,
माना की हम इंसान है,
सब कुछ जो हमारे आस पास (साथ) है,
ज़िन्दगी इसी का नाम हैं ।

26

कभी सब पास होते है, कभी सब दूर होते है,
जो कभी पास में रहे, वो भी अब दूर रहते है,
कभी जो दोस्त हुए हमारे, वही आज हमें बेगाना कहते है,
वो हमारे पास होकर भी, क्यों हमसे दूर रहते है,
दोस्तों में आज भी हम उन्हें अजीज कहते है,
पर न हमें मालूम वो हमें दोस्त भी कहते है,
चलिए हम ये बता दे उन्हें,
कभी अंत न हो जिसका उसे 'दोस्ती' कहते है।

27

बूँद बूँद से बनता है सागर, कितना गंभीर होता है सागर,
पानी के कल-कल सा, अनंत होता है सागर,
दूर-दूर तक जहाँ भी देखे, बस हमको दिखता है सागर,
सागर की गहराई सा, हम मैं भी संचार हो,
आज किनारे खड़े होकर, मैं माँगता हूँ तुमसे सागर,
अपनी गंभीरता की बूँदे, कुछ मुझकों भी दे दो सागर,
जब भी आऊँ तुम्हारे तट पर, मुझमें गंभीरता भरना सागर,
बस मेरी यही कामना, बहता रहे यह मेरा सागर ।

28

कभी लहरों से ये मैं पूछता हूँ,
किनारों से भी वही पूछता हूँ,
आती हो और फिर चली जाती हो,
बार-बार अपनी आहट दे जाती हो,
जब भी आती हो हमें गले लगाती हो,
और फिर से हमसे बिछुड़ जाती हो,
आकर साथ क्यों नहीं रहती हो,
हमसे खफा क्यों तुम होती हो,
बार-बार पूछने पर,
बस लहरें यही कहती है,
मैं दूर रह कर भी किनारों के संग रहती हूँ,
कभी तो मेरी तरह सोचा करो,
ना ही तुमसे मैं ख़फ़ा रहती हूँ ,
बस तुमसे मैं यही कहती हूँ,
साथ में ना रहूँ तो क्या हैं,
तुम्हारा गला मुझसे ही गिला है,
जब भी याद करो, मुझे पुकारा करो,
मैं आऊँगी, ज़रूर आऊँगी ।

29

तुम्हें आदत है बंद झरोखे में रहने की,
हमें तो आदत है खुले गगन में सोने की,
खुला गगन कितना अच्छा लगता है,
ये हमें उन्मुक्त हवा और प्रकृति देता है,
जब-जब हमारा मन करता है,
खुला गगन ही तो हमें मिलता है,
खुले गगन में जीने का मज़ा कुछ ओर है,
इस 'विशु' पर खुले गगन का ही जोर है,
ये वही सोचता है, वही बोलता है,
जो दिल में होता है साफ़-साफ़ बोलता है,
इसीलिये ये खुला गगन उसे अपना लगता है,
खुले गगन में रहना कितना अच्छा लगता है।

30

जिस दिन मेरी मुझसे मुलाकात होगी,
वो मेरी ज़िन्दगी की सौगात होगी,
मेरी मुझसे मुलाकात का इंतज़ार है,
न जाने वो मुलाकात कब होगी,
मुझसे मिलकर ये ज़रूर पूछूँगा,
क्यों थे दूर, हमने कुछ खता की होगी,
उत्तर मिलते है उससे मेरी सौगात होगी,
ज़िन्दगी में ये मुलाकात कभी खत्म ना होगी,
वो मेरी मुझसे मुलाकात अनुपम होगी,
अविस्मरणीय, अभिनव, अनूठी मुलाकात होगी,
जब भी मेरी मुझसे मुलाकात होगी,
वो मुलाकात संसार से मेरी खफा होगी,
संसार को तभी में अलविदा कहूंगा,
ज़िन्दगी भर मुलाकात से मुलाकात करता रहूँगा।

31

"कल्पना" में जीना कितना अच्छा लगता है,

बचपन, जवानी और बुढापे की ये दिल कल्पना करता है,

बचपन को जब पीछे मुड़कर देखते है,

क्या फिर कभी वो आएगा हम यही सोचते है,

सोचते-सोचते हम वहाँ चले जाते है,

वो मस्ती, वो किलकारी हमारे सामने आ जाते है,

वो माँ का दुलार वो पिता का प्यार,

आज घर से दूर हमारे दिल को छू जाते है,

सोचते-सोचते आगे बढ़ते है,

और फिर हम जवानी में प्रवेश करते है,

वो दोस्तों की भीड़ में हम खड़े हुए,

अपने आपको खुशनसीब समझते है,

वो किसी का क्रश और हमारे कॉलेज के दिन,

हमारी जवानी की हमें याद दिलाते है,

जवानी से हमारी जॉब और ज़िन्दगी से सोचते है,

सोचते-सोचते बुढापे में पहुंचते है,

वहाँ जाकर बस हम यही सोचते है,

जो समय गया वो वापस नहीं आता,

जीवन के लम्हों में वो प्यार (बहार) नहीं आता,

जी ले ज़िन्दगी, हँसले ज़िन्दगी यही दुआ है,

हमारे अंदर वो बचपन का बच्चा है,

हम इसीलिये हँसते है, इसीलिये रोते है,
और हम यथार्थ से ज्यादा "कल्पना" में जीते है।

32

ज़िन्दगी के इस पथ पर तू अकेला आया है,
तुझे इस पथ तक तेरा विश्वास लाया है,
तू क्यों हो उदास यु किसी व्यक्ति के कारण,
अँधेरे के बाद हमेशा उजियारा आया है,
तू सूरज है फिर क्यों अंधकार से डरता है,
तू अपनी एक किरण से जग को प्रदीप्त करने आया है,
ज़िन्दगी के इस पथ पर बस तू चलता जा,
ना थमना, ना रुकना बस आगे बढ़ता जा,
जब कभी खुद को कमजोर समझे तू,
अपने आप में एक आत्मविश्वास जगाता जा,
इस ज़िन्दगी के पथ पर ना उदास हो तू कभी,
नसीब से मिलती है ये ज़िन्दगी कभी,
तमन्ना है, आरज़ू है, ज़िन्दगी में मुस्कुराये सभी,
विश्वास है साथ तेरे फिर किस की है कमी,
मेरे मन में दृढ़ संकल्प है, ज्वाला नहीं ज्योति हूँ मैं,
ज़िन्दगी के पथ पर मोती हूँ मैं,
बस यही प्रार्थना ईश से, मुझे ये वरदान दे,
जब कभी उदास बैठूं, मुझे हसीं मुस्कान दे,
सब कुछ है मेरे पास, सब कुछ पा जाऊंगा,
ज़िन्दगी के पथ पर बस अब मैं चलता जाऊँगा ।

33

जब-जब मैं आगे बढ़ूँगा,
हर बार ये बात महसूस करूँगा,
जब-जब मैं पीछे मुड़कर देखूँगा,
हर राह पर तुम्हे खड़ा देखूँगा,
जब-जब तुम सामने आओगे,
मुझे हर वक्त मुस्कुराता हुआ पाओगे,
ये वादा है मेरा सभी दोस्तों से,
बिछड़े जो हम तो आंसू नहीं आएंगे,
हम सब मिलकर बस गीत यही गाएंगे,
आज बिछड़ भी रहे है तो क्या है गम,
गुलिस्ताँ में बहार आई तो फिर मिलेंगे हम ।

34

लहरों से यही सीखा है,
आना है और जाना है,
किनारों से टकराकर,
खुद को किनारों से गले लगाना है,
एक ही पल में मिलना,
एक ही पल में बिछुड़ना,
बस लहरों से यही सीखा है,
गुजरी हुई बात को ज़िन्दगी से भूलना,
पर उनकी आहट ज़रूर दिल में रखना,
क्यूंकि वो फिर से आती है,
और किनारों को गले लगाती है।

35

आखिर क्यों मुझे बुझा देते है,
मैं जलता हूँ रोशनी के लिए,
फिर भी मुझे बुझा देते है,
जिनका साथ देता हूँ मैं अँधेरे में,
वे ही रोशनी में जाकर मुझे बुझा देते है,
जिनकी रोशनी के लिए हम जला करते है,
वे ही फूँक मारकर हमें बुझा दिया करते है,
और हम आगे फिर कभी वो आएंगे,
यही सोचकर बुझ जाया करते है,
वो आते है फिर और हम जल जाते है उनके लिए,
अब आखिरी बार मैं उनसे निवेदन करता हूँ,
बार बार क्यों बुझाते हो मुझे,
जलने दिया करो, अंधेरों में रौशनी के लिए |

36

मैं अपनी धुन में गाता हूँ,
मैं अपनी धुन में बजाता हूँ,
मैं बस अपनी ही धुन में चला जाता हूँ ,
ये धुन कब रुकती है, फिर से कब उठती है,
ये मैं नहीं जानता, जानता तो मैं यु ही नहीं घूमता,
पर मुझे पता है मेरी ये धुन सबको खुश करती है,
लेकिन कभी यही धुन परवान चढ़ती है,
और वही पर यह दूसरों का नुकसान करती है,
फिर अपनी धुन को समेटकर आगे जाता हूँ,
कुछ समय के लिए यहाँ से बाहर हो जाता हूँ,
फिर जब लौटकर आता हूँ और अपनी धुन गाता हूँ,
तो हर किसी को खुशहाल पाता हूँ,
अब तो समझ गये होंगे मुझे,
मैं "बादल" हूँ जो अपनी धुन में गाता हूँ,
अपनी धुन में बजाता हूँ ।

37

जब जब पीछे मुड़कर देखती हूँ,
वो आएंगे यही सोचती हूँ,
आज भी उनके इंतज़ार में मैं खड़ी हुई,
अपने आपको तन्हाई में डुबोई हुई,
जब जब पीछे देखती हूँ,
मैं बस उनकी तस्वीर को देखती हूँ,
देखने पर वह कुछ कहती हुई,
मैं आऊंगा जरूर इंतज़ार करना,
मेरी बातों पर एतबार करना,
न आऊं तो तुम उदास न होना,
क्योंकि अपने देश के ख़ातिर मुझे जाना हुआ,
मर भी जाऊं तो फक्र करना,
मैं आऊंगा ज़रूर इंतज़ार करना।

38

आपकी डायरी जब भी हाथ में आती हैं,
कुछ कविताएँ बिन कहे लब पर आती है ,
चाहे हो सोलंकी जी की बदनाम बस्ती,
या फिर वो डाकिये की चिट्ठी,
जीने के लिए ऐसी कृपा पे पली,
या फिर हो वो दशहरे वाला गीत,
वो चाँद साबुन से मलमल वाला गीत,
या वो मोहम्मत रफ़ी और किशोर दा के गीत,
कोई लौटा दे आपकी आवाज़ में ये सब गीत,
और लौटा दे हमे वो यादें और हमारे मनमीत...

39

जब भी आकाश में उड़ान भरता हूँ,
पापा की ख्वाहिशों को पूरा करता हूँ ,
पापा की बातों में बस "विकास" नज़र आता है,
आगे बढ़ो, तरक्की करो, यही गीत गाता है,
ख़ुद से भी ज़्यादा विश्वास बेटे पर करते हैं,
बेटे बेटी की ख़ुशी में ख़ुद ख़ुश रहते हैं ,
मेरा रिश्ता पापा से कुछ अलग है,
पापा तो है ही, पर मित्र वो सरल है,
पापा में जो दोस्त मुझे मिलता है,
पापा मेरे मुझसे बहुत प्यार करते हैं ।।

40

बहुत आहत हुआ हृदय जब आप चले गए,
मझधार में कैसे नाव तिरेगी,
आपके बिना जिंदगी तो चलेगी,
पर हर कदम आपकी कमी खलेगी ...
आपके सिद्धांत ही जीवन चलाएँगे,
आपके दिखाए मार्ग पर कदम बढ़ाएँगे,
जीवन जब भी कोई चाह करेगा,
आपको फिर पाऊं यही कहेगा....

आपके चेहरे से आज भी नजर नहीं हटती,
मेरी निगाहें आपको आज भी है ढूंढती,
मेरे कानों में है आपकी आवाज गूंजती,
आपके संस्कार ही है मेरे जीवन की पूंजी...
जब भी अकेले में बैठता हूँ,
आपकी तस्वीरो में ख़ुशी खोजता हूँ,
आपकी कोई रिकॉर्डिंग देखता हूँ,
अपनी आँखों से मैं अश्रु बहाता हूँ,
फिर आँसू पोंछकर दुनिया से कहता हूँ,
पापा जीते जागते गुरु, मित्र और भगवान है,
पापा के चरणों में मेरा जीवन महान है ...

42

आपके चेहरे की वो सुनहरी मुस्कुराहट,
आपकी बातों में वो प्यारा सा सुहास,
परिवार के लिए आपका समर्पण,
बार-बार गले लगाऊँ आपका वो दर्पण,
फिर माँ से कहूँ, आपके साथ जीवन आनंद है,
आपकी ख़ुशी ही मेरे जीवन की उमंग है,
आपके बिना कहाँ मैं दिन भी निकल पाता,
छोटी-छोटी बातों में आपको फ़ोन लगाता,
आपसे हर बात करना सहज सरल था,
आपका वात्सल्य मेरे लिए विरल था,
जानता हूँ जीवन भर कोई साथ नहीं चलता,
पर मानता हूँ आपके बिना मेरा दिन नहीं चलता,
कहता भी था आपसे यही बात में कई बार,
आई लव यू पापा आप हो मेरे यार ...

43

पापा का साथ मेरे लिए विश्वास है,
यह कोई बात नहीं, मेरे अहसास हैं,
पापा से ही तो जीवन में साँस है,
कुछ कर गुजरने का मेरा साहस है,
खूब आगे बढ़ो आपका वाक्य है,
मैं तो सिर्फ पार्थ हूँ, कृष्ण तो आप हैं....

44

वो बचपन की बातें और वो कविताओं वाली रातें,
कोई तो लौटा दें, पापा की मीठी मीठी बातें,
मेरे हर सपने में आप ज़िंदा हो,
मेरी हर बातों में आप ज़िंदा हो,
आप तन से ना हो मेरे पास,
मेरे पास जिन्दी है आपकी हर बात,
आपसे ही बोलना सीखा, आपसे ही व्यापार,
आपसे ही धर्म सीखा, आपसे ही नवकार,
आपसे ही शौक सीखे, आपसे ही व्यवहार,
आपसे ही जीना सीखा, आपसे ही परिवार ...

45

आपसे ही सीखता हूँ शौक पालना आज भी,
आपसे ही सीखता हूँ जीवन जीना आज भी,
जो सीखा आपसे वो करता हूँ आज भी,
देव, गुरु व धर्म पर वही श्रद्धा आज भी ...

अकेले में बैठूँ तो सोचता हूँ आज भी,
कितना कम समय दिया उम्र ने आज भी,
आज भी मैं खोजता हूँ वजह उसकी आज भी,
ना उत्तर ही पाता हूँ उस प्रश्न को मैं आज भी ...

रंगो के त्योहार में, आपके रंग दिखते आज भी,
रोशनी के त्योहार में, रोशनी आपकी आज भी,
वो बहन वाली रक्षाबंधन, रखी है आज भी,
हरियाली की अमावस्या में मालपुए आज भी...

मिठाइयों में खोजता हूँ स्वाद आपके हाथ का,
नमकीन में खोजता हूँ चटपटा आज भी,
खोजता हूँ व्यवहार में आपकी सरलता आज भी,
कोशिश करता हूँ मैं, आपसा ऊर्जित रहूँ आज भी...

आपके बटवे में रखी परिवार की तस्वीर आज भी,
रखे हैं कई हिसाब पुराने उसमे आज भी,

हिम्मत नहीं जुटा पाता उसको देखने की आज भी,
जैसे आप आओगे उसको देखने आज भी ...

रखी वहीं पोटलिया समाज सेवा की आज भी,
समाज भी है खोज रही आवाज आपकी आज भी,
वो मधुर भक्ति गीत में, गुरु भक्ति आपकी,
कैसे ना कहूँ की हर पल, याद आती आपकी ...

वो यूरोप यात्रा की डायरी या फोटो एल्बम आज भी,
चमकती है उसमें आपकी तस्वीरें आज भी,
हँसता खिल-खिलाता चेहरा जैसे बोलेगा आज भी,
कर्ण मेरे हैं तरसते आवाज सुनने आपकी ...

46

"पापा की देन पापा के लिए,
मैं क्या लिखूँ उनके लिए,
ये कविता संग्रह नहीं,
किसी फ़रिश्ते की कहानी है,
पापा से प्यार करने वालो की,
बस कलम मेरी जुबानी है"

47

निहारता हूँ आपको मैं चित्रों में आज भी
मानता हूँ आपके चरित्र को मैं आज भी
जानता हूँ आप हो कहीं अदृश्य शक्ति में,
महसूस करता आपके आशीष को मैं आज भी ...

पलटता हूँ आपकी डायरी के पन्ने मैं जभी,
पा जाता हूँ आपको मेरी यादों में आज भी,
चल-चित्र में सुनता आवाज आपकी आज भी,
मानो जैसे यही बैठे हो मेरे पास आज भी ...

जीवन के अंधेरों में रोशनी देखता आज भी,
आपकी मुस्कुराहट देख मुस्कुराता आज भी,
जीवन की चरियाओं में आपके अनुभव आज भी,
जीवन की हर ख़ुशी आपके नाम करता आज भी ...

संघर्षों में आपसे ही उत्तर ढूँढता आज भी,
पा जाता हूँ सही उत्तर उन संघर्षों का आज भी,
मेरी काबिलियत में "पापा" आप मिल का पत्थर आज
भी,
मेरे सीने की कोर में है आपका जीवंत चित्र आज भी ...

आज फिर आपकी शिक्षा-अनुभव काम आया,
जब मैंने दुबई में सबको सोने और ड्राई -फ्रूट्स के बारे में बताया,
तभी सबने पूछा इतना सब कैसे जानते हो,
ऐसा लगता है तुम बहुत कुछ जानते हो,
मैंने कहा यह स्कूल से नहीं, पापा से सीखा है,
पापा एक यूनिवर्सिटी है,
जिनके अनुभव किसी भी डिग्री से कम नहीं है,
पापा के साथ जाते जाते कब सीख गया,
आज पता चला की वो सब सीखा गए,
जीने के लिए जो जरूरी था सब बता गए,
परंतु मैं तो कहता था बहुत कुछ सीखना है,
क्यूंकि मुझे पता है मुझे क्या सीखना है,
कोशिश ज़रूर करूँगा आशीर्वाद बनाये रखना,
कहीं अटक जाऊँ तो, किसी रूप में आकर राह बनाये रखना ...

49

अकेले में आपसे ही आपकी बात करता हूँ,
कभी आपकी यादों में हँसता और रोता हूँ,
वो घंटों तक आपके साथ गप्पे लड़ाना,
और वो बचपन में आपका मुझे पास में सुलाना,
सुलाकर मेरे साथ काव्य गुन-गुनाना,
फिर मुझे काव्य लय सिखलाना,
वो मेरा पहली बार बचपन में तात्कालिक भाषण,
फिर तो हर मंच पर खड़ा करना जैसे हो सिहांसन,
कितना भी लिखूँ कम पड़ जाएगा,
आपकी यादों का अम्बार लग जाएगा ...

50

आपसे ही पंख मिले जीवन की उड़ान के,
आपसे ही सीखे मैंने सपने उड़ान के,
आपने ही स्वच्छंदता सिखाई,
असमंजस की घड़ी में मुझे राह दिखाई,
आपसे ही गुणवत्ता सीखी, आपसे ही गुरु भक्ति
आपसे से ही जानी मैंने, धर्म की अद्भुत शक्ति,
आपने ही शिविरों में भेजा, लेने हमको धर्म ज्ञान,
आपसे ही सीखे हमने, वक्ता-काव्य गुण गान ...

51

सिर्फ़ अश्रुओं का साथ है,
क्यूंकि मेरी आँखों में आज भी आप है ।

52

तप से बंधन काट दिये,
मन से बंधन काट दिये,
गुरु शरण भी था मिला,
जब प्राण शरीर से था निकला ।

53

हम सब के सर पर हाथ है पिता का,
हम सब के साथ विश्वास है पिता का,
पिता प्रकृति की वो देन है,
जिसके बिना जीना दुश्भर है सीता का।
संतान के लिए संसार है पिता,
माँ के सिन्दूर की पहचान है पिता,
परिवार का मान और अभिमान है पिता,
भगवान् का दिया हुआ वरदान है पिता।
पिता के चरणों में करता हूँ वंदन,
अजर अमर रहो यही हृदय से मेरा कून्दन'

54

Among the stars, I saw the dead
A grandfather that loved me like none,
And then one day, he passed away,
Leaving me all alone,
He was so kind,
He was so warm,
After he went, my guiding light was gone...
He passed away, knowing not, he would be remembered forever.
And if I could,
Meet him again,
I would tell him never would he be forgotten...

Hitarth Choudhary (Love you Dadu...)

55. तीसवीं सालगिरह मुबारक हो
(29-Apr-2009)

साथ फेरे में जब आप बंधे थे,
जीवन में फिर साथ चले थे,
आखा तीज के शुभ दिन को,
उन्तीस अप्रैल सन उन्यासी को,
तब जो आप साथ-साथ चले,
अब तक बस आप बढ़ते रहे,
हर कदम पर हर डग पर,
आप दोनों सदा साथ रहे,
ख़ुशी था या था गम,
आप दोनों में था समागम,
एक दूजे के प्रति प्यार है,
आज भी वही बयार है,
"वर्षा" और "विकास" आपके हैं सुमन,
जिनसे चमकते हैं आपके नयन,
हमारे लिए भी आप हो भगवन,
हमारी और से आपको वंदन,
आज तीसवी सालगिरह पर,
ढेरों शुभकामनायें स्वीकार करो,
पूज्य माँजी और पिताजी, जीवन में सदा साथ चलो...

माँ है मेरी 'ललिता', पिता है मेरे 'नरेंद्र',
इनके चरणों में समर्पित, मेरा मन केंद्र।।

माँ है मेरी 'ललिता', पिता है मेरे 'नरेंद्र',
इनके चरणों में समर्पित, मेरा मन केंद्र।।

पुत्र की अंतिम पाती - पापा के लिए

आदरणीय एवं पूज्यनीय पापाजी ,

सादर जय जिनेन्द्र एवं चरण स्पर्श !

कुछ लिखुँ उससे पहले आराध्य भगवन से यही प्रार्थना करता हूँ की आप कुशल, स्वस्थ एवं मंगल रहें ?आपका वरद हस्त सदैव हमारे शीश पर बना रहे ? यूँ तो आपके जन्मदिन पर हम हर वर्ष साथ में नहीं रहते हैं, परंतु आपने इस बार हमारे पास आकर आपके जन्मदिन पर हमें साथ रखा तो ऐसा लगा जैसे कोई उपहार मिल गया हो । ???

सन 1955 की 6 मार्च को आपने मेरी दादीजी वात्सल्य मूर्ति श्रीमती सागरबाई जी चौधरी की कुक्षी से जन्म लिया और मेरे पूज्यनीय दादाजी श्रीमान माणकलाल जी चौधरी के मन को प्रफुल्लित किया । आपका जीवन आगे बढ़ा और आपने मेरी आदरणीय सरल, सहज, ममत्व एवं वात्सल्य से भरी माताजी श्रीमती ललिता चौधरी (आपके लिए बिट्टू की मम्मी) से 1979 में विवाह किया । विवाह उपरांत मेरी ममता हृदयी माताजी ने आपको दो रत्न (वर्षा एवं विकास) दिये, जिनका आपके प्रति आदर और प्रेम शब्दों में नहीं पिरोया जा सकता । आपके दोयते (दक्ष एवं मनन) और पोते (हितार्थ) के तो क्या कहने, उनका गला नाना और दादू कहते हुए सूखता नहीं है । आपकी बहु सोनल जो की आपको बहुत बाली लगती है, आपको उतना ही आदर और सम्मान देती है , जितना की आपका पुत्र !!

चलो ये तो परिवार की बात हुई, दिन आज कुछ खास है, क्यूंकि आज आपका जन्मदिवस है । जैसा की उपरोक्त पंक्तियों

में लिख गया, हमारे अहसासों को शब्दों में नहीं पिरोया जा सकता, किन्तु एक कोशिश करता हूँ ....

पापा ओ मेरे पापा, आदरणीय पूज्यनीय मेरे पापा,
सीखा है, सीखता हूँ , हर दिन आपसे पापा,
स्वस्थ रहे, मस्त रहे, प्यार हमें करते रहे,
दीर्घायु हो जीवन आपका, प्रार्थना हम करते रहे......
पापा ओ मेरे पापा...
वरद हस्त आपका सदा यूँ ही बना रहे,
मार्गदर्शन भी आपका यूँ ही मिलता रहे,
आशीष, दुलार और मस्ती सदा साथ रहे,
आप आपका जन्मदिवस बस यूँही बनाते रहे.....
पापा ओ मेरे पापा...

अंत में , किसी ने क्या खूब लिखा है....

उस उंगली को नमन !कि जिसने , चलना हमें सिखाया है,
सहज, सुगम, सुन्दर, सुखदायक,पथ प्रति-पल दिखलाया है,
सिर्फ तर्जनी ही जिसकी, जीवन को सफल बना देती,
कौन पिता के ऋण से, उऋण भला हो पाया है.....

आपके चरणों का सेवक..
आपका पुत्र....
विकास चौधरी